BEI GRIN MACHT SICH IHR
WISSEN BEZAHLT

- Wir veröffentlichen Ihre Hausarbeit,
  Bachelor- und Masterarbeit

- Ihr eigenes eBook und Buch -
  weltweit in allen wichtigen Shops

- Verdienen Sie an jedem Verkauf

Jetzt bei www.GRIN.com hochladen
und kostenlos publizieren

Bibliografische Information der Deutschen Nationalbibliothek:

Die Deutsche Bibliothek verzeichnet diese Publikation in der Deutschen National-bibliografie; detaillierte bibliografische Daten sind im Internet über http://dnb.d-nb.de/ abrufbar.

Impressum:

Copyright © 2017 GRIN Verlag
Druck und Bindung: Books on Demand GmbH, Norderstedt Germany
ISBN: 9783668628885

Sina Eichler

Auswirkungen der Individualisierung. Die Doppelorientierung der Frau zu Familie und Beruf

GRIN Verlag

Auswirkungen der Individualisierung –

Die Doppelorientierung der Frau zu Familie und Beruf

Inhaltsverzeichnis

1   Einleitung

Mit dem, durch die Industrialisierung und der Modernisierung ausgelöstem, Wandel der gesamtgesellschaftlichen Rahmenbedingungen veränderten sich auch die Lebensformen der
Menschen. Der aus der Soziologie stammende Begriff der Individualisierung beschreibt einen
Prozess der zunehmenden Selbstbestimmung als Folge der brüchig gewordenen Normen und
Werte. Historisch gewachsene Sozialformen und -bindungen verlieren ihre Ordnungskraft und
das Gestalten des eigenen Lebensentwurfs wird zur individuellen Leistung. Die Normalbiographie wird nach Beck zur Bastelbiographie und mit dem Zugewinn an individueller Freiheit geht
ein zunehmender Zwang zur reflexiven Lebensführung einher. Für Frauen bedeutet das Herauslösen aus dem tradierten Rollenverständnis eine Neuorientierung einschließlich dem Kreieren eigener Lebensperspektiven und das Entstehen und Erfahren einer Rollenambiguität.
Beck-Gernsheim sieht den Konflikt darin, dass sie „vom Dasein für andere nicht ausgefüllt wird
und dennoch darin gefangen ist" (Beck-Gernsheim, 2006: 91).

In dieser Arbeit wird die, mit der Individualisierung entstandene, Doppelorientierung der
Frauen im 20. Jahrhundert dargestellt und die damit verbundenen Herausforderungen aufgezeigt. Dazu werden im zweiten Kapitel zunächst die zentralen Begriffe der Individualisierung
betrachtet und anhand von Ulrich Becks These die Konsequenzen für die weiblichen Lebensentwürfe hervorgehoben. Anschließend wird der Struktur- und Wertewandel von Familie und
Ehe veranschaulicht. Im vierten Kapitel werden die Veränderungen im weiblichen Lebenszu-
sammenhang, hinsichtlich der Rolle als Ehe-, Hausfrau und Mutter sowie der Wandel der Er-
werbstätigkeitsmuster erläutert. Im fünften Kapitel folgt eine Darstellung der Motivation zur
Doppelorientierung, sowie die Anforderungen die diese im Bezug zu Familie und Beruf mit sich
bringt. Den Abschluss bildet eine kritische Auseinandersetzung mit dem novellierten und mehr-
dimensionalen Rollenverständnis der Frau und der Vereinbarkeitsproblematik von Familie und
Beruf.

Die in diesem Werk herausgearbeiteten Erkenntnisse und Ergebnisse beziehen sich auf Be-
obachtungen der gesamtgesellschaftlichen Entwicklung ohne diese statistisch zu verdeutlichen. Die Komplexität des Themas lässt in dieser Kurzfassung keine differenzierte Darstellung
der Divergenz zwischen den alten und neuen Bundesländern, wie sie in zahlreichen Veröffent-
lichungen deutlich zu erkennen ist, zu.

2 Zentrale Begriffe der Individualisierungsthese nach Beck

Der Soziologe Ulrich Beck zeigt in seinem, in den 80er Jahren publizierten, Werk *Risikogesellschaft*, die Gefährdungen und Auswirkungen der Industrialisierung und der Modernisierung auf das menschliche Zusammenleben auf. Unter Berücksichtigung der entstandenen und prospektiv entstehenden ökologischen und sozialen Risiken spricht er von einer Risikogesellschaft (vgl. Marx, 2011: 10). Nach Marx gehen im Zusammenhang mit dem Fortschritt und den Veränderungen auf der Makroebene auch Modifikationen „der sozialen Mikrostrukturen von Ehe, Familie, [...] und Liebe einher" (Marx, 2011: 10).

Der zeitgeschichtliche Wandel der Ehe und Familie, der vor allem in einer Abnahme von normativen Regeln und Traditionen zum Ausdruck kommt, kann aus unterschiedlichen Blickrichtungen betrachtet werden. Tyrell beschreibt diese Veränderungen, seinen Interpretationsschwerpunkt auf dem Bedeutungsverlust gerichtet, als einen De-Institutionalisierungsprozess (vgl. Nave-Herz, 2012: 13). Ulrich Beck und Elisabeth Beck-Gernsheim hingegen sehen in dem „Individualisierungsprozess" einen Zugewinn an individueller Freiheit, insbesondere im Hinblick auf die Gestaltbarkeit der Biographie und die Form des Zusammenlebens (ebd.). Die dreifache Individualisierung ist nach Beck durch den Freisetzungseffekt, die Entzauberungsdimension und die Reintegration charakterisiert. Der Freisetzungseffekt bezieht sich dabei auf das Herauslösen aus historisch vorgegebenen Sozialformen und -bindungen. Unter der Entzauberungsdimension versteht er den Verlust von traditionellen Sicherheiten im Hinblick auf richtungsweisende Normen und Werte. Die Reintegration beschreibt den Prozess der Neuorientierung und soziale Einbindung (vgl. Beck, 1986: 206 ff.).

Der zweite „Individualisierungsschub" ab den 60er Jahren nimmt im Zusammenhang mit der Familie, im Besonderen für die Frau, bedeutenden Einfluss. Mit dem Herauslösen aus den tradierten Sozialformen und -bindungen gehen richtungsweisende, Lebenssinn definierende, tradierte Normen und Werte verloren. Für den Einzelnen kann die Verantwortung für die eigne Re-Integration und Sinn Suche jedoch auch zum Balanceakt zwischen Orientierung, Bindung und Lösung darstellen (vgl. ebd.: 11f.). Marx bezieht sich zustimmend auf Senett und hebt hervor, dass es „schwierig [wird], sich gesellschaftlich zu orientieren, schwieriger als im Klassensystem der Vergangenheit" (Senett, 2000; zit. nach Marx, 2011: 10).

Die, bis in die Mitte des 20. Jahrhunderts an tradierten Rollen und entsprechenden Normen und Werten, quasi festgeschriebenen Biographien verlaufen heute nach individuell gestaltbaren Mustern. Mit der vor etwa 50 Jahren beginnenden Emanzipation der Frau, unter anderem durch die Angleichung von Bildungschancen und praktizierter außerhäuslicher Erwerbstätigkeit, veränderte sich die Normalbiographie der Frau einschließlich partnerschaftlichen Lebensformen und –entwürfen. Eine lebenslange Ehe, in der der Mann durch ganztägige

Erwerbstätigkeit für die ökonomische Sicherheit sorgte und die Frau, die Rolle der Hausfrau sowie Mutter einnahm und eine Konstanz hinsichtlich des Wohn- und Arbeitsortes bestand, wurden durch vielfältige Lebens- und Familienformen abgelöst (ebd.: 11). Die Variabilität in der Wahl der Lebens- und Beziehungsform wird von Ulrich Beck als Bastelbiographie beschrieben (vgl. Marx, 2011: 10). Mit den, in den heutigen gesellschaftlichen Rahmenbedingungen geforderten, stetig steigenden Anforderungen an Flexibilität und Mobilität im Privat- und Arbeitsleben, erhöht sich jedoch nicht nur die Freiheit, sondern folglich auch der Zwang, seine Biographie eigenverantwortlich zu konstruieren (vgl. ebd.: 11).

3 Der Struktur- und Wertewandel von Familie und Ehe

Nach Otto Brunner erhält das Wort Familie erst seit dem 18. Jahrhundert Einzug in den deutschen Sprachgebrauch und er betont, dass die in Liebe begründete Eheschließung, einhergehend mit der Gründung der „Verwandten-Familie", eine relativ junge Erscheinung in der sozialhistorischen Familienforschung darstellt (vgl. Marx, 2011: 7f.). „Dass Familie und Familienbeziehungen mit ‚Sentimentalität' […] verbunden sind, […], gehört heute und hier zum Allgemeinverständnis von Familie" (ebd.: 8). Wie im Folgenden aufgezeigt wird, ist ein historisch-gesellschaftlicher Wandel der ökonomischen Funktionen und innerfamiliären Strukturen zu erkennen (vgl. ebd.:7f.).

Ursprünglich lebten die Menschen in Sippen oder großen Haushaltsfamilien zusammen. Die Unterscheidung beider Einheiten liegt darin, dass die Sippe im Gegensatz zur Haushaltsfamilie nicht fest an einen Standort gebunden lebte und innerfamiliär eine Blutsverwandtschaft nachweisbar war. In der Haushaltsfamilie wurde die Verbundenheit untereinander über das gemeinsame Wirtschaften bestimmt (vgl. ebd.:8). Die Trennung von Wirtschaft und Privatheit geschieht in Folge der veränderten ökonomischen Rahmenbedingungen im Zuge der Industrialisierung und Verstädterung und nicht, wie universell gedeutet, aus sozial-romantisierenden Beweggründen (vgl. ebd.: 8f.). Innerhalb dieser städtischen Kleinfamilien, deren hierarchischer Aufbau mit festen Rollen verbunden war, wurde nun weitestgehend autonom für die existenzielle Sicherung und das Fortbestehen gesorgt. Die Eheschließung rahmte die Konstellationen ein und war primär ökonomisch begründet. „Die Ehe war an Zwecken ausgerichtet, die der Familie als Wirtschaftsgemeinschaft dienten" (Beck-Gernsheim, 1986: 148). Das Phänomen der Liebesheirat ist erst in den letzten 200-300 Jahren zu beobachten (vgl. Marx, 2011: 9). Das bei uns verbreitete Verständnis von Familie, von Beck-Gernsheim als „Gefühlsgemeinschaft" definiert, wird mit Privatheit und Intimität in Verbindung gebracht. In ihrer Publikation „Bis dass der Tod euch scheidet? Wandlungen von Liebe und Ehe in der modernen Gesellschaft" deutet sie die entstandenen emotionalen Bindungen im Binnenraum Familie als

Ausgleich für die, mit der Modernisierung verloren gegangenen, Stabilität in Form historisch gewachsene Deutungsmuster und Sozialbeziehungen. „Die innere Heimatlosigkeit", wie Beck-Gernsheim den Identitätsverlust nennt, wird durch Bindungen zu nahestehenden Personen in eine „personenbezogene Stabilität " gewandelt. Die Deutung von Liebe, von romantischer, lebenslänglicher Gemeinsamkeit, Unterstützung und Halt in *guten wie in schlechten Zeiten*, stellte die Basis der Ehe (vgl. Beck-Gernsheim, 1986: 148 f.) „Die Ehe wird zu einer Institution, die ‚spezialisiert' ist, auf die Entwicklung und Stabilisierung der Person" (Ryder 1979, zit. nach Beck-Gernsheim, 1986: 150).

In den letzten Dekaden ist ein weiterer Wandel von dem bis dato als „Normalmodell der Familie", einer konstanten Vater-Mutter-Kind Konstellation, zu vielfältigen alternativen Familienformen zu konstatieren. Das Konzept der Kernfamilie wird mit und in den gesellschaftlichen Veränderungsprozessen brüchig und es resultieren eine Pluralität von Familienformen, z. B. die Ein-Eltern-Familie, Stief-, Adoptiv- oder Regenbogenfamilie (vgl. ebd.: 9 ff.). Die Phasen bis zur Ehegründung, die Dauer, das Auflösen des Ehebundes und letztendlich der Sinn der Ehe haben sich verändert. Nach Maria Nave-Herz ist nicht der Bedeutungsverlust der Ehe für den Anstieg der Scheidungszahlen verantwortlich. Auch wenn eine Ursachenbestimmung nicht eindeutig empirisch belegt werden kann, sieht sie die Revisionen der Lebensbünde in der „psychischen Bedeutung und Wichtigkeit für den einzelnen" (Nave-Herz 2009; zit. nach Marx, 2011: 12) begründet. Subjektiv als unharmonisch und Belastung empfundene Partnerschaften werden im Vergleich zu früheren Generationen schneller aufgelöst, da die normative Verbundenheit scheinbar durch überhöhte, fast nicht erfüllbare Erwartungen abgelöst wurde. Die Suche nach Liebe, Stabilität und auch der eigenen Identität wird mit neuer Hoffnung auf Erfüllung bei einem anderen Partner fortgeführt (vgl. Marx, 2011: 12). Wie bereits erwähnt, hat sich insbesondere der Sinn der Ehe mit den gesamtgesellschaftlichen Veränderungen gewandelt. Die bis Mitte/ Ende der 70er Jahre vorherrschenden existenziell-ökonomischen, rechtlichen und ethischen Normativen stellten, insbesondere für Frauen, die Grundlagen zum Eheentschluss. Nave-Herz bezieht sich auf empirische Untersuchungen und spricht heute von einer „kindorientierten Ehegründung" zu der man sich aufgrund von einer Schwangerschaft, einem Kinderwunsch oder dem Vorhandensein von Kindern entschließt. Zeitgleich ist in den vergangenen 40 Jahren ein Anstieg der Nichtehelichen Lebensgemeinschaften zu konstatieren. Diese zeitgeschichtliche Entwicklung steht im kausalen Zusammenhang mit der bereits beschriebenen Individualisierung, den Wandlungstendenzen der familiären Rollenzusammensetzungen, Familienbildungsprozessen sowie Familienzyklen (vgl. Nave-Herz, 2012: 19).

4　Das Veränderte Leben der Frau

Im Übergang vom 19. Jahrhundert zum 20. Jahrhundert finden im politischen und gesellschaftlichen System zahlreiche Veränderungen statt. Tradierte Normen und Werte und einhergehend die Rolle der Frau werden brüchig und der Anspruch und Zwang zum eigenen Leben nehmen ungebremst zu. Bejaht oder verneint Frau die Fragen der Ehe, der Berufstätigkeit in ihrem Lebensentwurf und wie vereinbart sie diese dann mit der Rolle der Mutter?

„Der seitdem stattgefundene Wandel des weiblichen Lebenszusammenhangs lässt sich mit Beck-Gernsheim auf die Formel ‚Vom Dasein für Andere' zum ‚Anspruch auf ein Stück eigenes Leben' bringen" (Peuckert, 2012: 405).

4.1　Die Rolle der Frau als Ehe-, Hausfrau und Mutter

Nach Beck-Gernsheim bleibt die Individualisierung zu Beginn der Modernen zunächst vollständig auf das Leben der Männer beschränkt. Der Wirkungskreis der Frau bezieht sich nach wie vor auf den familiären Binnenraum und sie trägt weiterhin überwiegend die Verantwortung für die physische und psychische Versorgung der anderen Familienmitglieder (vgl. Beck-Gernsheim, 1986: 155). Erst seit den 60er Jahren sind die Veränderungen auch für die Frau spürbar, denn „unter anderem in Bildung, Beruf und Rechtssystem werden Frauen aus der Familienbindung zumindest teilweise herausgelöst" (Beck-Gernsheim, 1986: 156). Das einst sehr enge Verhältnis der Frau zur Familie wird offener und das Familienleitbild ändert sich. Kaufmann spricht davon, dass „die zentrale Veränderung im Wandel der moralischen Prioritäten zu sehen ist und sich dieser Wandel normativ und im konkreten Verhalten vor allem bei den Frauen zeigt. Durch die stark anwachsende Beteiligung an Bildung und qualifizierter Ausbildung steigt sowohl ihre ökonomische als auch ihre soziale Unabhängigkeit und damit verliert das traditionelle Familienmodell seine bindende Kraft, weil ihm die Hausfrauenehe konstitutiv gewesen ist" (Kaufmann, 1996 zit. nach Scholz, 2005: 164). Die Veränderungen zeigen sich besonders prägnant in den veränderten Lebens- und Familienzyklen. Unter den Bedingungen der gesellschaftlichen Modernisierung, zu denen die Neuorientierung und -organisation der weiblichen Ausbildungs- und Berufsbiographie ebenso wie deren Wunsch nach ökonomischer und sozialer Unabhängigkeit gehören, „löst sich der gewohnte, fast perfekt synchronisierte Zusammenhang von Heirat, Haushaltsgründung, Beginn sexueller Beziehungen [und] Familiengründung weitestgehend auf" (Scholz, 2005: 164). Die Familiengründung setzt heute aufgrund der verlängerten Jugend und Ausbildungszeit und unabhängig von dem Eheentschluss wesentlich später ein. Auch die Zeitspanne der eigentlichen Familienphase ist, unter anderem aufgrund der gestiegenen Lebenserwartung und gesunkenen Kinderzahl, nahezu halbiert (Marx, 2011: 17)

Die polarisierenden Geschlechterrollen werden auch in der Rechtsprechung und Politik disku-
tiert und Grundlagen zur Angleichung werden geschaffen. Beck Gernsheim beschreibt das
neue Motto mit den Worten „weg von der strikten Trennung nach Geschlecht, hin zu einer
flexibleren Arbeitsteilung und zu mehr Partnerschaft zwischen Mann und Frau" (vgl. Beck-
Gernsheim, 1997: 87). In der Realität ist eine entgegengesetzte Entwicklung zu beobachten.
Frauen können „immer weniger Versorgung über den Mann erwarten, werden auf Selbstständigkeit und Selbstversorgung verwiesen" (Beck-Gernsheim, 1986: 156). Ca. 10 Jahre nach
dieser These folgert Beck-Gernsheim „Je brüchiger die Familienrolle erlebt wird, desto gerin-
ger wird die Bereitschaft, sich ganz auf die Ehe zu verlassen, und desto stärker wird die Orientierung auf andere, eigene Lebensperspektiven" (Beck-Gernsheim, 1997: 83). Der Anspruch und gleichzeitig Zwang zum eigenen Leben, das Entwickeln von eigenen Lebensplä-
nen, die Orientierung an eigenen Wünschen und Erwartungen anstatt ausschließlich an den
Anforderungen der Familie und die Notwendigkeit zur autonomen Existenzsicherung, alles
dies fasst Beck-Gernsheim unter dem subjektiven Korrelat der Individualisierung zusammen
(vgl. Beck-Gernsheim, 1986: 157). Nave-Herz zeigt die besonderen Probleme von Frauen,
deren Lebensentwurf auf Familie und Beruf ausgerichtet ist. Sie haben es mit einer Verdopp-
lung der Hindernisse zu tun, „denn weder Arbeitswelt noch Familie nehmen Rücksicht auf den
jeweils anderen Bereich" (Scholz, 2005: 165).

4.2   Die Bildungschancen und Erwerbstätigkeit

„Was die Bildungsexpansion brachte, war nämlich weit mehr als nur ein Zuwachs an Bildungs-
zertifikaten, es war auch ein Mehr in anderer Hinsicht: ein Zuwachs an Handlungsmöglichkei-
ten in biographischer, sozialer und politischer Hinsicht. Mit der Erweiterung des Horizontes
gewann der Lebensweg von Frauen neue Bezugspunkte" (Beck-Gernsheim, 2006: 88).

Die bereits erwähnte Ambivalenz der Individualisierung findet sich auch in dem Konstrukt Frau,
Bildung und Beruf wieder. Zum Einem musste Frau sich hinsichtlich der veränderten gesellschaftlichen Entwicklungen umorientieren und zum Anderem ermöglichten es die innovativen
Gesetzesregelungen. In den Jahren von 1950-1980 gibt es eine multifaktorielle bedingte,
112%ige Steigerung der familienfernen und lohnabhängigen weibliche Beschäftigten, der all-
gemeine Arbeitsmarkt ersetzt die Tätigkeiten in der Hauswirtschaft (vgl. Beck-Gernsheim,
1997: 88). Dahinter stehen gesamtgesellschaftliche Entwicklungen, die Veränderungen im All-
tag und Haushalt durch Technisierungs- und Rationalisierungsprozesse, der Umschwung im
Wirtschaftssystem, die Isolation der Hausfrauenexistenz von der Gesellschaft und der Öffent-
lichkeit, die Isolation der Kleinfamilie und die Anonymität der Neubausiedlungen, sowie staats-
rechtliche Reformen, die das Ehe- und Familienrecht, insbesondere die traditionelle

Arbeitsteilung und die Wahlfreiheit definieren, aber auch später die Versorgung im Scheidungsfall neu regeln (vgl. Beck-Gernsheim, 1986: 157). Insbesondere die staatliche Bildungspolitik hat zur Qualifizierung und Selbstständigkeit der Frau beigetragen. Die in den 50er und 60er Jahren einsetzende Bildungsexpansion nahm Einfluss auf den weiblichen Lebens- und Familienzyklus. Die höhere Bildungsbeteiligung führt neben den erweiterten Beschäftigungschancen zu Bewusstwerdungsprozessen. Die novellierten und differenzierten Denkformen sind auf Selbstständigkeit und die eigene berufliche Leistung ausgerichtet und das Unabhängigkeitsstreben und der Wunsch nach beruflicher Selbstverwirklichung verstärken die Berufsmotivation (vgl. Peuckert, 2012: 407 f.).

Statistische Untersuchungen lassen eine signifikante Steigerung des Anteils der Schülerinnen an weiterführenden und Hochschulen erkennen und Umfragen zur Erfassung der klassischen Berufsmotive verdeutlichen den Wunsch nach eigenem Einkommen und sozialer Anerkennung. Die Freude am Berufsinhalt und die veränderten Familienstrukturen erweitern die bisherigen Lebenswürfe, die auf das „Dasein für andere" beschränkt waren (vgl. Beck-Gernsheim, 2006: 88). Beck-Gernsheim betrachtet die Bildungsinhalte in der Summe nicht nur als reproduktives Gut, sondern sie ermöglichen die „aktive Auseinandersetzung mit der eigenen Lage und fordern die Selbstständigkeit heraus" (Beck-Gernsheim, 2006: 89). Im Bezug auf Lebensentwürfe kommt die deutsche Soziologin zu der Aussage, „Sofern sie eine qualifizierte Ausbildung hat, ist die Frau auch nicht mehr auf die Ehe als schnellstmögliches Lebensziel angewiesen, sondern hat andere Optionen. Sie kann nun, mit weit besseren Chancen als früher, eine Tätigkeit suchen, die inhaltlich befriedigend ist und den eigenen Lebensunterhalt finanziell sichert" (Beck-Gernsheim, 2006: 90).

Beck-Gernsheim beschreibt eine sich wandelnde Tragweite der Berufstätigkeit im vergangenen Säkulum und betont diese als „Mittelpunkt des menschlichen Daseins" (Beck-Gernsheim, 1997: 89) und „als Tor zu Außenwelt" (vgl. ebd.: 90). Die zuvor ökonomisch bedingte Motivation wird nun zur selbstwertsteigernden und kommunikativen Ressource. Das gestiegene Realeinkommen ermöglicht eine zusätzliche Unabhängigkeit von der Herkunftsfamilie und erweitert den Aktionsradius und die Selbstständigkeit (vgl. ebd.: 92 f.). Peuckert sieht die zunehmende Erwerbstätigkeit von Müttern als Indiz für die rückläufige „Hausfrauenehe" und „Entfamilisierung" (vgl. Peuckert, 2012: 409).

4.3 Der Wandel der weiblichen Lebensläufe

Mit dem Herauslösen der Einzelnen aus den traditionellen Bindungen der Gesellschaft werden die Lebensläufe in vielerlei Hinsicht offener und gestaltbarer. Die Veränderungen der gesamtgesellschaftlichen und wirtschaftlichen Rahmenbedingungen führen zu einem Gewinn an Handlungsspielräumen und Wahlmöglichkeiten, die Lebensaufgabe besteht längst nicht mehr nur in der Existenzsicherung, sondern wird zur philosophischen Herausforderung und fortwährenden Suche nach dem Sinn des eigenen Daseins, die es mehr oder weniger als Einzelkämpfer oder Einzelkämpferin zu bewältigen gilt (vgl. Beck-Gernsheim, 1986: 147 ff.). Nach Beck-Gernsheim erscheint der frei gestaltbare Lebenslauf als Zugewinn, sie verweist jedoch kritisch auf die mit der „Logik der Individualisierung" einhergehenden strukturellen Vorgaben und neu entstandenen Formen der Existenzsicherung. Denn die zahlreichen Wahlmöglichkeiten der Gestaltbarkeit der eigenen Biographie werden durch die Determinanten des Arbeitsmarkts getaktet und begrenzt, „das grundlegende Organisationsprinzip für biographische Projekte ist der eigene Beruf, und andere Karriereentwürfe drehen sich um den Beruf und sind von ihm abhängig" (vgl. Beck-Gernsheim, 1986: 151). Für die Frau, herausgelöst aus den festgeschriebenen Rollen der Mutter und Hausfrau, bedeutet dies, den Lebensentwurf im Spannungsfeld von Bildung, Arbeitsmarkt, Mobilität Partnerschaft und Familie sowie eigenen Wünschen und Bedürfnissen zu kreieren. Darüber hinaus ist eine intrinsische Wirkung, zu beschreiben als ein „Ringen um Selbstverwirklichung" zu erkennen (vgl. Beck-Gernsheim, 1986: 151).

Zusammenfassend lässt sich seit den 50er Jahren ein sukzessiver Wandel der weiblichen Normalbiographie festhalten. Ulrich Beck und Rüdiger Peuckert skizzieren diesen mit folgenden Thesen. Die Dequalifizierung und soziale Isolation der Hausarbeit durch Modernisierungs- und technische Rationalisierungsprozesse führen zur außerhäuslichen Berufsarbeit. *Frau* sucht nach der Erfüllung, die der Binnenraum der Familie nicht mehr bieten kann (vgl. Beck, 1986: 183; Peuckert, 2012: 405). Durch die gestiegene Lebenserwartung ist es zur „demographischen Freisetzung der Frau" gekommen. Das „Dasein für Kinder" wird nur zum vorübergehenden Lebensabschnitt. Der veränderte Lebens- und Familienzyklus führt häufig ab dem ca. 45 Lebensjahr zum „leeren Nest" (vgl. Beck, 1986: 182; Peuckert, 2012: 406). Die Angleichung der Bildungschancen nimmt Einfluss auf die beruflichen Chancen und Motivation (vgl. Beck, 1986: 183). Der Anstieg qualifizierter Berufsarbeit und der Erwerb eines eigenen Einkommens stellen die Basis für die ökonomische Selbstständigkeit der Frau (vgl. Peuckert, 2012: 406). Mit der Reform des Ehe- und Familienrechts im Jahr 1976 kommt es zur Aufhebung der rechtlich fixierten Zuständigkeit der Frau für Familie und Hausarbeit (vgl. Peuckert, 2012: 406). Die Mutterschaft verkörperte die stärkste Anbindung an die Frauenrolle. Rechtliche und medizinische Möglichkeiten der Schwangerschaftsverhütung und des Schwangerschaftsabbruchs lassen Kinder zu rational geplanten Wunschkindern werden (vgl. Beck, 1986: 183). Die

Brüchigkeit der Ehe, steigende Scheidungszahlen, die Neuordnung des Scheidungsrechts und somit die ausbleibende finanzielle Absicherung über den Mann fordern von der Frau eine ökonomische Eigenverantwortung (vgl. Beck, 1986: 183; vgl. Peuckert, 2012: 406).

5 Die Rollenambiguität der Frau

Trotz eines hohen Stellenwertes von Kindern und Familie ist ein demographischer Wandel und ein zunehmender Geburtenrückgang zu beobachten. Für Frauen entsteht durch die Auflösungsprozesse eine verstärkte Rollenambiguität. Diffuse Rollenerwartungen, die häufig in kontroversen Verhältnissen zueinander stehen, fordern Lösungsstrategien. Erste Versuche wurden zunächst eigen initiativ von der Frau, in Form von Teilzeitarbeit gestartet. Mittlerweile wird die Vereinbarkeit von Familie und Beruf auf politischer Ebene gefördert.

5.1 Die Bedeutung von Partnerschaft, Familie und Kindern

Während im 19. Jahrhundert vor allem ökonomische, rechtliche und ethische Rahmenbedingungen zu Eheschließungen führten, bezieht sich Nave-Herz auf empirische Untersuchungsergebnisse und verweist darauf, dass sowohl emotionale Beweggründe eine Rolle spielen aber zunehmend die „kindorientierte Ehegründung" zu beobachten ist (vgl. Nave-Herz, 2012: 20). Nach Marx können Kinder im fragilen Territorium der Gesellschaft und während der Suche nach dem Sinn des Lebens zum Mittelpunkt der privaten Existenz werden (vgl. Marx, 2011: 13). Es ist ein Funktions- und Bedeutungswandel von Kindern für Familien, insbesondere für Frauen zu konstatieren. Stellten Kinder damals noch eine Alters- und Krankenversicherung dar und wurden als Schicksal und elementar für das Bestehen und die Fortführung der Familie angesehen, erfüllen sie heute weitestgehend emotionale Bedürfnisse. Medizinische Fortschritte begünstigen die Planbarkeit und führen zu rationalen Abwägungen, ob die Verantwortung für ein Kind getragen werden will und kann. Die Kalkulation bezieht sich auf ökonomische, zeitliche und personelle Ressourcen und wird von Nave-Herz als „verantwortete Elternschaft" umschrieben (vgl. Nave-Herz, 2012: 20 f.). Der demographische Wandel zeigt das Spannungsfeld der Kinderfrage deutlich an. Gebärende Mütter werden von Generation zu Generation immer älter und die Zahl der kinderlosen Frauen wächst. Beck-Gernsheim sieht in der Zunahme der Wahlmöglichkeiten von Studium, Beruf und Karriere eine Konkurrenz zum Kinderwunsch (vgl. Beck-Gernsheim, 1997: 13).

5.2 Die Vereinbarkeit von Familie und Beruf

Seit den 50er Jahren verändert sich auch die berufliche Biographie der Frauen. Es ist eine zunehmende Erwerbstätigkeit verheirateter Frauen zu verzeichnen. 1956 wurde ein Entwurf von Alva Myrdal und Viola Klein zur Doppelrolle der Frau vorgestellt. Der Lebensweg der Frau wurde zwischen der Phase der Berufstätigkeit und der, der Familie aufgeteilt. In der Zeit des Aufwachsens der Kinder war die Frau für ca. 10-15 Jahre wieder ausschließlich auf die Familie und den Haushalt fokussiert. Erst anschließend nahm sie die Berufstätigkeit wieder auf. Nur ein viertel Jahrhundert später ist ein rapider Anstieg der berufstätigen Mütter zu konstatieren. 1980 schrieb die Soziologin Angelika Willms „Nicht erwerbstätig zu sein wird für die Frau zur Ausnahmesituation, immer deutlicher begrenzt auf die Phase der Erziehung kleiner Kinder" (vgl. Beck-Gernsheim, 2006: 92). Die Gründe dafür sind zum Einem ökonomisch begründet, denn für Mütter bedeutet eine Aufgabe der Erwerbstätigkeit oder Einschränkung dieser zeitgleich auch eine Verringerung der Chancen auf Karriere, das Risiko nicht wieder anschließen zu können und somit zu einer Schmälerung der Rentenbezüge. Zum Anderem ist die Doppelorientierung zu Familie und Beruf als fester Bestandteil der Lebensentwürfe von Frauen empirisch belegt und beschrieben. Die Problematik darin liegt in der Vereinbarkeit beider Bereiche. „Für sie gilt: Beides zu vereinigen ist zu viel, aber nur auf einen Bereich verwiesen zu sein, ist zu wenig" (vgl. Nave-Herz, 2012: 21 f.).

Hinsichtlich der Permanenz der geschlechtsspezifischen Arbeitsteilung im Haushalt ist eine Regeneration der berufstätigen Mutter zuhause häufig nicht mehr vollständig möglich. Eine gesetzlich festgelegte, gerechtere Verteilung ist zwar im Bürgerlichen Gesetzbuch vorgeschrieben, doch in der Praxis beeinflussen die Rechtsvorschriften das tradierte Verhalten nur in geringem Maße. Die hohen Anforderungen an die Kindererziehung und die ökonomische Belastung ergänzen sich und die Doppelorientierung der Frau wird häufig zur Doppelbelastung, wenn nicht sogar zur Überlastung (vgl. Nave-Herz, 2012: 33).

Zahlenmäßig steigt die Zahl der berufstätigen Mütter kontinuierlich, wird aber gesellschaftlich noch nicht voll akzeptiert. Kritiker der Frauenerwerbsarbeit sehen in den Argumentationen egoistische Beweggründe, die das Kindes- und Familienwohl negativ beeinflussen und mit den steigenden Scheidungszahlen, Verhaltensauffälligkeiten der Kinder und Jugendlichen, der zunehmenden Jugendkriminalität und sogar dem beobachtbaren Geburtenrückgang im Zusammenhang stehen (vgl. Scholz, 2005: 165; Nave-Herz, 2012: 42 f.). Nach Beck-Gernsheim müssen viele Frauen heute nicht mehr arbeiten gehen, „um überhaupt leben zu können [heute gehe es] nun zunehmend auch darum, in die Arbeit [die] eigenen Interessen und Fähigkeiten einbringen zu können" (Beck-Gernsheim, 2006: 93). Insbesondere die bessere berufliche Qualifikation erhöht die Berufsmotivation, bringt *Frau* bei den bestehenden Rahmenbedingungen, aber auch in starke Spannungsverhältnisse. Um diese zu minimieren und „um die

Vereinbarkeit von Beruf und Familie zu fördern, sind auf der Ebene der politisch-institutionellen Vorgaben zahlreiche Initiativen in Gang gesetzt worden" (Beck-Gernsheim, 2006: 122). Politische Programme von Elternurlaub bis zu Angeboten der Kinderbetreuung, die sich an den Bedürfnissen von Frauen und Familien orientieren, wurden initiiert und gesetzlich verabschiedet und tragen nach und nach zu einer veränderten gesellschaftlichen Sichtweise zur berufstätigen Mutter bei (vgl. ebd.).

6 Fazit

Die Modernisierungs- und Industrialisierungsprozesse im 20. Jahrhundert führen zu einem Wandel der gesamtgesellschaftlichen Rahmenbedingungen. Das bis dato gültige, standardisierte Familienmodell der „Mutter-Vater- Kind- Familie" war bis dahin der Taktgeber der weiblichen Normalbiographie. Die klar definierte, strukturelle und funktionale Einbindung der Frau in die Familie bedeuteten zwar auf der einen Seite einen geringen Einfluss auf die Lebensgestaltung, auf der anderen Seite aber Stabilität, Kontinuität und Sicherheit. Mit der Individualisierung sieht u. a. Ulrich Beck einen Zugewinn an persönlicher Freiheit. Diese hingegen konstruktiv und befriedigend zu gestalten, kann auch zum Zwang, bis hin zur Überforderung der Einzelnen führen. Die Lebensaufgabe besteht nun nicht mehr nur in der Existenzsicherung, die im Zuge der Zeit auch eine neue Herausforderung an Koordination und Zeitmanagement stellt, sondern wird auch zur Suche nach dem Sinn des Lebens. Das Herauslösen aus tradierten Rollen forciert eine Zunahme der Entscheidungs- und Handlungsfreiheiten erhöht aber zeitlich die Anforderungen an die Re- Integration in Sozialbindungen. Mit dem Struktur- und Wertewandel der Familie verändert sich die Rolle der Frau. Die Bildungsexpansion der 60er Jahre ermöglicht eine Lebensführung außerhalb des Binnenraums der Familie. Der Wunsch nach Familie und Selbstverwirklichung, aber auch der Zwang zur ökonomischen wie sozialen Selbstständigkeit, hat für die Frau die Doppelorientierung zu Familie ermöglicht aber auch gefordert. Die kontroversen Erwartungen an die Rolle der Ehefrau bzw. Mutter auf der einen Seite und an die berufstätige Frau auf der anderen nehmen zu und sind zum integralen Bestandteil des Lebensentwurfs geworden. Eine Vereinbarkeit beider Bereiche stellt die Frau des 21. Jahrhunderts vor große Herausforderungen. Der Handlungsbedarf zur Lösung der Problematik ist bereits erkannt und wurde auch schon auf politischer Ebene aufgegriffen. Die Wirkung dieser, bzw. die gesamtgesellschaftlichen Gefahren der Doppelorientierung wären ein weiteres interessantes Thema für eine folgende Arbeit.

Literaturverzeichnis

Beck, Ulrich (1986): Risikogesellschaft. Auf dem Weg in eine andere Moderne, Neue Folge Band 365, Suhrkamp Verlag: Frankfurt am Main

Beck-Gernsheim, Elisabeth (1986): Bis dass der Tod euch scheidet? Wandlungen von Liebe und Ehe in der modernen Gesellschaft. In: Archiv für Wissenschaft und Praxis der sozialen Arbeit, Heft 2-4/1986, Schwerpunktthema" Familie - Tatsachen, Probleme, Perspektiven", S. 144-173

Beck-Gernsheim, Elisabeth (1997): Die Kinderfrage. Frauen zwischen Kinderwunsch und Unabhängigkeit, 3. Auflage, Verlag C.H.Beck: München

Marx, Rita (2011): Eine multidisziplinäre Einführung in die Human- und Gesellschaftswissenschaften am Beispiel der Institution Familie; online unter https://olat.vcrp.de/auth/RepositoryEntry/1532166267/CourseNode//85460202998595 [30.06.2017]

Nave-Herz, Rosemarie (2012): Familie heute. Wandel der Familienstrukturen und Folgen für die Erziehung, 5. Auflage, Primus Verlag: Frankfurt a. M.

Peuckert, Rüdiger (2012): Familienformen im sozialen Wandel, 8. Auflage, Springer VS: Wiesbaden

Scholz, Wolf-Dieter (2005): Zwischen individuellem Lebensentwurf und gesellschaftlicher Verantwortung: Ursachen und Folgen des Geburtenrückgangs in Deutschland. In: Nave-Herz, Rosemarie; Scholz, Wolf-Dieter (Hrsg.) (2005): Beiträge zur Bidlungs- und Familienforschung, ErgonVerlag: Würzburg, S. 157-176